서평

# 역사의 종말과
# 최후의 인간

(프란시스 후쿠야마 지음, 1992)

레놀드 맥콜리 서평
장대익 옮김

KB211456

예영커뮤니케이션

레놀드 맥콜리(Ranald Macaulay)
영국 케임브리지 대학 법학과 졸업
킹스 칼리지 신학과 졸업
현재 영국 라브리 간사
장대익
서울대학교 대학원 과학철학 석사과정 중

번역서는 후쿠야마의 「역사의 종말」(이상훈 역, 한마음
사, 1992)을 참고한 것이다. 인용은 영어 원서와 한글 번
역서의 페이지를 차례로 적어 넣었다. (영문판/한글판)

# 차 례

## 자유 민주주의에 대한 낙관론

후쿠야마의 이 책은 제목이 상당히 매력적이다. 우리 자신이 묵시적인 분위기를 좋아하든 그렇지 않든, 우리는 이런 분위기에 쉽게 매료된다. 우리는 정말 역사의 끝에 서 있는가? 그리고 성경이 예언한 대로 머지 않아 역사의 대단원이 우리 앞에 펼쳐질 것인가? 많은 사람들이 그렇게 생각하는 것 같다.

게다가 제목에 포함된 '최후의 인간'(The Last Man)과 같은 표현은 어딘지 모르게 친숙한 것 같지 않은가? 그렇다. 성경은 고린도전서 15장에서 주 예수 자신을 '최후의 인간'이라고 표현한다. 그렇다면 현대의 한 세속작가이면서 미국무성의 정책분석가인 그가, 세계적인 베스트셀러가 된 이 책에서, 성경에 나오는 이러한 개념에 관하여 무엇이라고 말하고 있는가? 겉으로 드러나 있지는 않지만, 그의 표현들은 사람들을 잘못 인도할 수 있다.

이 책의 제목과는 별도로 책의 내용은 더 깊은 매력을 갖고 있다. 그는 이 책에서 지난 세기 동안의 서양사상에 대한 비관주의적 관점과는 너무나 대조적으로, 낙관주의적인 토대를 찾는다. 그는 말한다. "사태가 나빠진 것처럼 보이지만, 너무나 명백한 문

제들 ─ 예컨대 발칸제국의 위기(Balkan Crisis)나
후기 공산주의 사회에서 부활하고 있는 민족주의 ─
은 사실, 일반적인 정치발전에 있어서 극히 작은 몸
짓들에 지나지 않는다.”

  그의 논제는 이렇다. “인류가 천년왕국(즉 20세
기)의 끝에 가까워짐에 따라, 독재주의와 사회주의
적 중앙정부의 계획은 모두 비슷한 위기에 처하게
되었고, 보편타당성을 지닌 이데올로기로서 경기장
에 남아 있는 경쟁자는 이제 하나뿐이다. 자유민주
주의, 즉 개인의 자유와 주권재민(主權在民) 사상이
바로 그것이다”(p. 42, 81). 세계 전체가 서양이 현재
성취한 ‘상위점(High Point)’을 향해 경제적, 정치
적으로 일관성 있게 이동하고 있다는 것이다.

  공산주의의 몰락은 이러한 분석을 가능케 하는 이
유가 된다. 반면에 세계의 다른 곳에서는 자유민주
주의를 향한 의미 있는 정치적 발전이 있어 왔다.
그 중에서도 특히 스페인과 포르투갈, 또한 그리스,
터키, 라틴 아메리카의 어떤 나라들, 예컨대 페루,
아르헨티나, 니카라과 등, 그리고 동아시아에서의
한국, 필리핀, 태국, 한편 가장 최근에는 서아프리
카가 그렇다.

## 낙관적 전망의 이유

그러면 왜 이러한 불가피한 움직임이 일어나는 것일까?

첫째로, 그러한 불가피성은 과학 때문이다.

"… 우리는 지금까지 근대 자연과학의 진보적 발전이 역사에 방향을 제시해 주며, 여러 국가와 문화에 걸쳐 유사한 사회변화를 창출해 내는 것을 보아왔다. 테크놀로지와 노동의 합리적 조직화는 산업화의 선결조건이고, 이 공업화에 의해 도시화, 관료조직의 발달, 대가족 제도와 종족적인 혈연관계의 붕괴, 교육수준의 향상과 같은 사회현상이 나타나는 것이다"(p. 89/145).

다른 말로 하면 18, 19세기의 영국에서 실제로 일어났던 현상들이, 세계 전체에 걸쳐 여러 사회에서도 계속해서 실현되어 왔다는 사실이다. 예를 들어 에너지 원천과 밀착된 새로운 공업의 발전과 그로 인한 도시화가 그것이다.

이것은 존 로버트(John Robert)가 쓴 그의 탁월한 책에서 다루었던 중심주제이며 1985년도에 TV 시리즈로 방영되었던 〈서양의 승리〉(The Triumph of the West)의 중심주제이기도 하다. 로버트의 마

지막 문장은 이렇다. "분명한 것처럼 보이는 것은 서양 문명화의 역사가 지금 인류의 역사이고, 그것의 영향이 넓게 확산되어서 지금은 예전의 반대편, 반정립들은 더 이상 의미 없게 되었다. '서양'이라는 말은 역사가들을 제외하고는 이제는 거의 의미 없는 용어이다"(p.431).

서양에서 우리를 위해 이루어 놓았던 것은, 결국 세계를 위하여 이루어 놓은 것이다. 이러한 의미에서 적어도 우리는 '새로운 세계질서' 속에서 산다. 이것이 지구촌이다. 서양은 자기들이 갖고 있는 과학기술의 우월성으로 승리해 왔다.

그러나 이러한 불가피한 움직임은 과학기술의 덕택 이상으로, 서양의 고유한 정치적 실험을 통해서 또한 일어났다. 이러한 정치적 실험은 경제적 성공과 정치적 자유를 결합하여 모든 사회가 꿈꾸는 이상향을 목표로 한다. 오늘날 모든 국가들은 정치 분야의 기본원칙으로(그것이 정당화되었든 그렇지 않든 간에) '민주적으로' 운영되어야 한다는 전제를 받아들이고 있다.

그러나 후쿠야마에게 있어서 이것은 하나의 '이상(理想)'에 불과한 것이 아닌, 그 이상(以上)이다. 이것은 공산주의의 소멸과 함께 예전보다 더 가까워진, 눈앞에 펼쳐진 현실이다. 마치 긴 마차 행렬 속에 낀 어떤 개인의 마차와 같이(책 끝부분에 실린 비유) 세계는 고대했고 예정되었던 목적지인 '자유민주주의'에 한 나라씩 한 나라씩 도착하기 시작한다. 왜 그럴까? 후쿠야마는 그것은 우주적인 어떤 힘이 전세계를 그 목적지로 향해 불가항력적으로 몰아넣기 때문이라고 한다. 그 힘은 너무도 강력해서, 그 앞에서 다른 모든 것들(그것이 독재정치이거나 전체주의이거나 간에)은 굴복해야만 한다는 것이다.

둘째로, 이러한 불가피성은 과학기술과 근대정치보다는 훨씬 깊은 어떤 근원으로부터 유래한다. 왜냐 하면 그 근원은 인간경험의 고유한 본성에서 나오기 때문이다.

이러한 생각은 다소 놀랍게도 우리를 헤겔에게로 인도한다. 물론 더욱 놀라운 것은 헤겔뿐만 아니라 마르크스 역시 인간역사를 불가피한 발전의 관점에서 제시했다는 데 있다. 그리고 그것이(마르크스의 관점) 어떻게 되었나 생각해 보라!

이러한 불유쾌한 평행선에도 불구하고 후쿠야마는, 헤겔에 대한 20세기의 주석가 중의 한 사람인 알렉산더 코제이브(Alexandre Kojeve)에 의해서 숙고된 바와 같이 '역사는 인간의식의 외적 작용'이라는 헤겔의 역사분석이 정확하다고 주장한다.

헤겔은 인간이 동물과 구별되는 점은 '인지 (認知) 에 대한 욕망'에 있다고 논증한다. 이것은 육체적 필요뿐 아니라 '영적인' 필요에 따라서 살려는 경향을 말한다. "인간성은 육체적 혹은 동물적 본성에 의해서 결정되지 않을 뿐만 아니라, 바로 그러한 동물적 본성을 극복하거나 부인하는 능력에 의해서 결정된다." 어떻게? … "인간은 본능에 의해서 근본적으로 결정되는 존재가 아니라는 형이상학적 의미에서 인간은 자유로운 존재다. 간단히 말해서 인간은 참된 도덕적 선택을 감히 할 수 있는 존재이다" (p. 149, 150/230). 헤겔은 인간이 단순히 위신만을 위한 싸움에도 기꺼이 목숨을 거는 것에서 이것이 가장 잘 입증된다고 주장한다.

이러한 관점에서 원죄 (原罪) 는 성경에 나와 있는 것처럼 하나님에 대한 교만한 행위가 아니라, 인간이 다른 인간에 대하여 갖는 자존심의 싸움인 것이다. 헤겔이 말한 '최초의 인간' (역사의 태고적 경험 내에서, 그것이 헤겔에게 무엇을 의미하든지 간에) 은 '인지에 대한 욕망'에 사로잡혀, 이웃과의 충돌 속에 있는 자신을 발견한다. 그는 물질적인 소유를 원할 뿐 아니라, 다른 사람이 자신의 자유를 인정해 주길 바란다. 그는 인지에 대한 욕망을 추구하는 데

있어서 만약 필요하다면, 자신이 '세상의 물질들'에
대해 무관심하다는 것도 보여 준다. 심지어 그는 자
유롭게 행할 수 있는 자신의 능력을 과시하기 위해
자신의 목숨을 걸 준비도 되어 있다(p. 159). 이런
까닭에 역사의 끊임없는 투쟁 ― 어떤 군주가 다른
사람들을 거만하게 정복하는 역사와, 다른 한편으로
는 노예가 군주에게 유순하게 복종하는 역사 ― 이
발생한다. 이것이 역사를 돌리는 엔진이다. 이 말은
두 가지 측면이 있는데 하나는 우월욕망(Meg-
alothumia)으로서 이는 타인을 지배하려는 욕망(그
리스어로, thumia)이고, 다른 하나는 대등욕망
(Isothumia)으로서 동등한 사회적 지위를 얻기 위
한 욕망을 말한다.

헤겔은 모든 역사가 '인지에 대한 욕망' 때문에
발생하는 이러한 투쟁의 과정이라고 논증한다. 각각
의 단계에서는 정(Thesis), 반(Antithesis), 합
(Syn-thesis)으로 이어지는 변증법적인 과정이 전개
된다. "역사는 변증법적인 운동이고, 대개 혁명들의
연속이며, 그 속에서 계속 배출되는 천재들과 국민
들은 절대에 이르기 위한 도구로서 작용한다"
(Durant, p. 323).

그러나 중요한 것은 여기서 말한 '절대(An
Absolute)'가 기독교의 하나님을 가리키는 것이 '아

나' 는 점이다. 오히려 이것은 인간의식의 자기실
현이요, 인간의 다양성과 갈등을 극복하는 변증법적
인 과정의 최종점을 말한다. 그리고 이 과정은 객관
적으로 존재하시는 하나님께로의 수직적인 준거점을
갖지 않는, 순전히 사회적이고 수평적인 과정이다.

이러한 과정은 궁극적 해결이 되기를 바라는, 변
증법적인 과정에서 사용된 상이한 해답들끼리의 투
쟁의 끝, 즉 역사의 종말로 우리를 인도한다. 우리
는 어디(어느 체제)로 인도되는가? 그것은 서양에
서 고안되어 프랑스 혁명에 의해 처음으로 예고된
정치체계이다. 왜냐 하면 자유 민주주의는 충돌하는
욕망의 기둥들을 완벽하게 조화시키기 때문이다.
"민주 자치(Popular Self-Government)는 군주
와 노예 사이의 구별을 폐지했다. 어떤 사람이든지
적어도 군주의 역할을 다소 공유할 권리가 있다. 오
늘날의 '지배' 는 민주적으로 결정된 법률들을 공포
하는 형태를 취하는데, 인간은 자의식을 가지고 이
러한 법률들로 자신을 다스린다"(p. 203/308).

이러한 관점에서 볼 때 기독교는 모든 인류의 보
편적인 평등을 적절히 강조하는, 종말을 향한 중요
한 한 발판으로 보인다.
"기독교는 인간의 자유에 대한 비전을 노예들에게

분명히 보여 주었다는 점에서 역사의 흐름에 공헌했
다 … 기독교의 하나님은 만인을 두루 인지하여 개
개인의 인간적 가치와 존엄을 인정한다 … 그러나
기독교의 문제점은 그것 역시 또 다른 노예 이데올
로기에 머물고 있다는 것이다. 왜냐 하면 기독교에
있어서 인간의 자유는 이 지상에서가 아니고 저 천
국에서만 실현되기 때문이다. 헤겔에 따르면 기독교
는 신이 인간을 만든 것이 아니라, 인간이 신을 만
들었다고 하는 점을 깨닫지 못하고 있다"
(p. 197/301). 이것은 헤겔이 생각하는 순전히 인본
주의적인 발상이다. 이것의 기본전제는 비기독교적
일 뿐만 아니라 인본주의의 가장 강력한 소산인 공
산주의와 통한다.

우리는 이 모든 것들에 대해 어떻게 생각해야 하
는가? 물론 후쿠야마의 헤겔주의를 고려할 때 우리
들의 판단은 분명하다. 그것은 사실이 아니다. 인간
의 문제는 사실 자존심에서 비롯되는데 이 자존심은
인간에 대한 것이 아니라 하나님에 대한 것이다. 기
독교인은 헤겔식의 세상은 존재하지 않는다고 말할
수 있다. 비록 그가 인간역정을 정확하게 인지하기
는 했지만, 실제로 존재하는 세계는 성경의 인격적
인 하나님과 그 밖의 관계 사이에서 형성된 세계이
다. 그러나 헤겔에게 있어서 하나님은 존재하지 않

는다. 이 사실로 인해 그는 오직 자연세계 안에서
인간경험을 설명한다. 따라서 이러한 설명은 하나님
의 구원이 아닌 순전히 인간적인 해답을 필요로 하
는 문제점들을 함축하고 있다. 그러므로 후쿠야마는
헤겔에게서 정치적, 경제적 해답들을 찾고 있으며,
그것은 간단히 말해서 자유 민주주의이다.

그러나 후쿠야마가 비록 피상적으로 (특히 위와
같은 대목에서) 헤겔주의나 낙관주의를 보증한다고
해서, 그를 즉시 헤겔주의자나 낙관주의자로 간주하
는 것은 잘못일 것이다. 그는 과연 이 세계가 자유
민주주의를 향하여 움직이고 있다고 진지하게 생각
할 수 있을까? - 발칸 제국이나 모슬렘 국가인 파키
스탄, 수단이나 서아라비아, 혹은 아프리카의 거의
전 지역에서도 과연 그런가? - 이러한 생각은 터무
니없고 거의 고려할 가치가 없는 것처럼 보인다.

### 도덕적 진공상태에 빠진 자유 민주주의

후쿠야마의 예측은 타당하지 않다. '평화가 없는
곳에 평화!, 평화!' 라고 주장하는 그의 단순한 대담
성과 낙관주의는, 폴 존슨(Paul Johnson, 「지식인
들」, 「현대사」의 저자)에 의해서 언급된 불길한 저류
를 감추고 있다. 폴 존슨은 이렇게 말한다. "자유주

의의 괄목할 만한 승리에 대한 후쿠야마의 가정은 존 스튜어트 밀, 우드로우 윌슨, 마찌니, 코슈드, 글래드스톤 그리고 띠얼스와 같은 사람들에 의해 19세기에 공유된 하나의 상식이었다." 사실 이것은 꽤 일반적으로 '계몽된' 사람들 사이에서, 늦게는 1918~1919년의 베르사이유 협정 때까지 신봉되었다. 불행하게도 그러한 자기만족은 전체주의 진영에 의해 계승되었다. 그리고 우리는 지금 잠정적으로 말해서 전체주의 진영으로부터 이제 막 벗어나기 시작했다. 이런 의미에서 후쿠야마의 낙관론은 관대하게 봐준다 해도 지나친 것으로 보인다.

그렇다! 자유 민주주의의 유토피아로 도착하는 독립국가들의 마차행렬에 대한 아이디어는 설득력이 없어 보인다. 그렇지만 아주 재미있는 것은 그의 입장이 갖고 있는 중요한 결점 ─ '상대주의(Relativism)'라고 이름 붙여진 ─ 을 인정하는 사람이 바로 후쿠야마 자신이라는 것이다. 그렇게 함으로써 그는 들을 수 있는 귀를 가진 사람들에게 종을 쳐서, 또 다른 전체주의가 같은 이유로 지속될 수 있는 위험성을 지적한다!

프랑스 혁명 후 2세기가 지난 지금, 세계 곳곳의 자유 민주주의는 도덕적 진공상태 속에 존재한다. 민주주의 사회에서는 모든 생활양식과 가치관이 평

등하다는 신념이 조장되기 쉽다. 민주주의 사회는
시민들에게 '어떻게 살아야 하는가' 혹은 '행복, 미
덕, 고상하게 살 수 있는가'를 직접 가르치지는 않
는다. 그 대신에 관용(寬容)의 미덕이 육성되고, 그
것이 민주주의 사회에서 미덕의 정수가 되어간다
(p. 305/447). 이러한 말은 원칙의 차원에서는 좋게
들리지만 실제적인 면에서는 치명적인 것으로 드러
난다. 오늘날의 다원주의는 재빨리 상대주의로 녹아
들어가고 결국 20세기 후반의 사회적 혼란의 원인이
된다.

### 후쿠야마가 자인한 문제점들

후쿠야마는 여기서 두 가지 주된 문제점을 인정한
다.

첫째로, 현재 서양의 민주주의는 민주주의에서는
없어서는, 안 될 중요한 개념인 '인권에 대한 철학
적인 기초'가 부족하다는 것이다.

물론 인권은 자유 민주주의를 표방하는 모든 사회
의 핵심이다. 우리는 이 문제가 인격적인 창조자에
근거한 기독교 세계관을 제외하고는 해결될 수 없다
고 말할 수 있다. 후쿠야마는 오히려 많은 복음주의

자들보다 이것을 더 잘 이해하고 있는 것처럼 보인다. 그는 이렇게 언급한다.

"권리의 본질에 대한 현재의 논의가 일치하지 않는 것은, 인간에 대한 합리적 이해에 관한 뿌리 깊은 철학적 위기로부터 생기는 것이다. 권리는 '인간이란 무엇인가?'라는 것을 바로 이해함으로써 생겨나는 것이지만, 인간의 본질에 대한 합의가 없다면 권리를 정의하거나, 가짜일지 모르는 새로운 권리의 탄생을 저지하려는 어떠한 시도도 소용없을 것이다.

오늘날에는 누구나 인간의 존엄성에 대해서 논하곤 하지만 '왜 자신들이 존엄한가?'라는 점에서는 합의가 도출되지 않았다. 근대의 자연과학과 칸트와 헤겔 이후의 철학을 전체적으로 고찰하면, 그것은 자율적인 도덕적 선택의 가능성을 부정해 왔고, 인간의 행동을 전체적으로 인간 이하, 이성(理性) 이하의 충동들과 관련해서 이해해 왔다. 그러나 만약 인간이 자연보다 우월한 존엄성을 갖고 있다고 말할 수 있는 근거가 없다고 하면, 인간이 자연을 지배하는 것은 정당화될 수 없다. 인간 사이에는 중요한 차이가 없다고 주장하는 인류 평등주의자들의 열정은, 인간과 고등동물과의 차이에 대한 부정에까지 이를 수 있다.

그러나 논의는 이것으로 끝나지 않는다. 고통을 경험하는 능력과 고도의 지능을 소유한 것이, 왜 우월한 가치의 자격이 되어야 하는가? 결국 왜 인간이 아주 보잘 것 없는 돌멩이로부터 우주 저편의 별들에 이르는 자연계의 모든 존재들보다 더 존엄한가? 현대의 상대주의가 우리에게 남겨 놓은 지성의 막다른 골목은, 우리가 답하도록 내버려 두지 않는다. 이것은 치명적으로 공격해 와서, 결국에는 전통적으로 이해되어 온 자유주의적인 권리의 확보마저도 허락하지 않는다" (p. 296~298/435~440).

그렇다면 어떻게 자유 민주주의가 지적으로 그렇게 불안하고 혼돈상태에 있으면서도 살아남을 수 있을까?

두 번째 문제는, 후쿠야마의 헤겔주의 내부의 문제로서 이것은 그를 니체와 자신의 책 제목인 '최후의 인간' 에로 인도한다.

니체는 자유 민주주의가 인간의 본질적인 '인간다움(Manishness)' 을 비워 없애기 때문에 실패한다고 주장하며 헤겔을 비판한다. 헤겔에 의하면 인간을 인간으로 만드는 것은, 위신(威信)과 인지(認知)를 위해서 심지어 자신의 목숨을 걸고라도 위험을 무릅쓰는 능력과, 또한 자유롭게 행할 수 있는 능력에 있다. 이런 이유 때문에 사회의 진화는 군주와 노예, 귀족계급과 무산계급과의 관계에서 발생한다.

그러나 과학기술에 의해 '해방된' 자유 민주주의
안에서는, 인지를 구하는 투쟁은 만족될 수 없다.
인간은 동물의 경험으로 돌아간다. 육체적 필요들은
채워진다. 모든 사람들이 평등하기 때문에 아무도
지배하지 않는다. "먹이가 주어지고 있는 한, 개는
자신이 개라는 점에 불만을 품거나 하지 않기 때문
이다"(p305/456). 니체는 "양치기는 없고 가축떼만
있다! 인간은 모두 동일하기를 원하고, 인간은 모두
동일하다. 위화감을 느낀 자는 누구든지 자진해서
정신병원에 들어간다"라고 말한다. 그리고 다시 "우
리들은 정말로 현실적이다. 그리고 신앙도 미신도
갖지 않는다. 이렇게 말하면서 너희는 가슴을 편
다 ― 그렇지만 아아, 그 곳은 텅빈 곳이다!"
(p. 307/450).

이것이 후쿠야마가 처한 두 번째 딜레마이다. 균
질화된 ― 니일 포스트맨(Neil Postman)이 '테크
노폴리(Technopoly)'라고 명명한 한도 내에서 과학
기술적으로 균질화된, 육체적 생존에 대한 가치를
제외하고는 어떤 것도 투쟁할 가치가 없다는 식의
정치적으로 균질화된 ― 사회가 증대할수록 역사주
의의 기반은 침식당한다. 인류는 규정되고, 인간성
의 특징을 잃어 왔으며, 동물성으로, 햇빛 아래 누
워 있는 개에게로 환원되어 왔다.

육체적 필요들은 의미 있는 존재의 희생을 대가로 지불하고 제공되어 왔다. 19세기에 니체가 자랑스럽게 가슴을 열고 내린 결론은 무(無), 공허(空虛)이다.

우리는 텅 빈 사람들이다
우리는 박제된 사람들이다
함께 맞댄다
아아! 짚으로 채워진 머리

이런 식으로 세상은 끝난다
이런 식으로 세상은 끝난다
이런 식으로 세상은 끝난다
꽝소리가 아닌 슬픈 흐느낌으로

엘리어트(T. S. Eliot)
'텅 빈 사람들(The Hallow Men)', 1925

바로 이것이다. 현대의 포스트모더니즘은 단지 이 후렴만을 되풀이하고 있을 뿐이다.

물론 니체의 '최후의 인간'은 그리스도를 모형화한 것이다. 왜냐 하면 그리스도는 자기 포기, 섬김, 타인에 대한 복종을 보여 주었기 때문이다. 그러나 이런 것들은 모두 인간의 특징이 아니다. 왜냐 하면 인간은 '인지'에 대한 추구에 의해서 특징지어지기 때문이다. 후쿠야마는, 헤겔의 분석과 상충되는 이러한 것을 감지(感知)하기는 하지만, 적절한 답을 갖고 있지는 않다.

게다가 그는 이론적인 모순 이상의 것이 있음을 느낀다. "자유 민주주의가 생활의 장으로부터 우월 욕망(Magalothumia)을 성공적으로 추방하고 그것을 합리적 소비로 대체해 가면, 그만큼 우리들은 최후의 인간으로 근접해 가는 것이다. 그렇지만 사람들은 이러한 의견에 반발할 것이다. 그것은 보편적이고 균질화된 국가 안에서 누구나 획일화되고 세계의 어디를 가든 타인과 동일하다는 발상에 대한 반발인 것이다. 인간은 군주를 갖지 않는 노예 생활 ─ 합리적 소비생활 ─ 을 찾으며, 부르주아보다는 오히려 시민이 되고 싶어하지만, 결국에는 혐오하는 마음이 생겨 버린다. 인간은 그것을 위해 죽음을 바칠 수 있는 이상들을 갖고 싶어할 것이다. 이것은 아직 자유 민주주의가 해결하지 못한 모순인 것이다"(p. 314/460).

매우 재미있는 것은(그리고 여기서 후쿠야마는 칭찬받을 만하다), 현대의 자유주의 사회는 자유 민주

주의를 탄생시켰던 가치들을 침해하고 있지만 사실
그 가치들은 그렇게 불완전한 것은 아니었다는 그의
인식이다. 왜냐 하면 그들은(자유 민주주의를 탄생
시켰던 사람들) 하나님께 대한 분명한 믿음이 있었
고, 그것 때문에 절대적인 도덕 가치들과 삶의 목적
이 있었기 때문이다. 달리 말하면, 모든 것이 동등
한 것은 아니다. 왜냐 하면 진리는 개인적 그리고
사회적 행위에 대해 현실적이고 확정적(결정적)이기
때문이다.

그는 말한다. "가정(家庭)이 자유주의적인 원리에
기초하고 있다면, 예컨대 그 구성원인 가족 한 사람
한 사람이 가정을 의무와 애정의 유대를 토대로 하
는 것이 아니라 실리(實利)를 위해 만들어진 일종의
주식회사라고 생각하고 있다면, 가정은 진정한 의미
에서 기능하지 않는다. 현대의 미국가정이 안고 있
는 여러 문제들 ─ 높은 이혼율, 부모의 권위 실추,
자식들의 소외(혹은 반항) 등 ─ 은 그 구성원들이
엄격한 자유주의적 원리에 정확하게 접근해 가고 있
다는 사실로부터 야기된다 … (이와는 대조적으로)
… 미국에 있는 가장 견고한 공동체 생활 형태도 합
리적인 사욕이라기보다는 공통의 종교적 가치관에
그 뿌리를 두고 있다. 미국에 정착한 청교도 사회는
물질적 복리를 위해서가 아니라, 하나님께 영광을

돌리는 것에 공통된 관심을 갖고 하나로 결속되었다
… 자유 민주주의는 그것만으로는 충분하지 않다.
국가의 토대가 되는 공동체 생활은 궁극적으로 자유
주의 그 자체와는 다른 뿌리를 갖고 있다.

건국 당시 미국사회를 만들어 낸 사람들은 고립되
어 자기 이익만을 추구하는 합리주의적인 개인주의
자들은 아니었다. 오히려 그들 대부분은 도덕관념과
하나님께 대한 믿음을 공유하는 종교적 공동체의 일
원들이었다. 마침내 그들이 받아들인 합리적 자유주
의는 그 이전부터 있었던 문화의 투영이 아니라, 그
러한 기존문화와는 긴장관계를 갖고 존재하고 있었
던 것이다. 차분히 보면 뒤에 나타난 자유주의적인
원리들은 견고한 공동체를 유지하는 데 빼놓을 수
없는 이전의 자유주의 가치들을 침식하고, 나아가서
는 자유주의 사회의 자기 유지능력을 침해해 가게
되었던 것이다"(p. 324~326/437~477).

### 역사의 종말은 평범한 과정 안에서 전개

이제 정리를 해 보자.

후쿠야마는 헤겔의 역사분석에 마음이 끌렸다. 그
러한 관점에서 역사는 어딘가로 가고 있고 방향이
있다. 그리고 그 역사의 종말은 자유 민주주의의 세

계이다. 이것은 인류의 특유한 천부적 재능의 발현
에 의해 형성된 정치체계이다. 그런데 이 체계는 과
거에 미해결상태에 있다가 지금은 근대과학과 기술
의 성과와 함께 평행적인 진보가 이루어져 왔다고
보았다.

그러나 정직하게도 그는 자기 논제에 두 가지 근
본적인 문제점이 있다는 것을 인정한다. 첫째, 자유
민주주의는 합당한 철학적인 기초를 결여하고 있다
는 것이다. 둘째, 자유 민주주의는 하나님께 대한
신앙으로부터 나온 사상이라는 것이다. 정확하게는
기독교의 하나님이다(p228, 231, 236, 238).

이것들은 후쿠야마의 분석이 갖고 있는 약점들이
기도 하다. 그가 그 문제들에 대해 정직했기 때문에
자유 민주주의적 유토피아에 대한 그의 희망이 얼마
나 확고한지는 여전히 명확하지 않은 채로 남아 있
다.

이러한 약점에도 불구하고 그의 분석은 사람들의
관심을 끌기에 충분하다. 왜냐 하면 20세기의 이데
올로기들은 사실 붕괴해 왔고, 또한 사람들은 이데
올로기의 소멸을 보며, 더 나아가 서양의 자유 민주
주의의 위업에 관심을 갖고 재평가하기에 열을 올리
고 있기 때문이다. 게다가 근대의 과학기술 사회가

균질화되고 있는 양상은 현실이 아닌가?

이런 이유로 인해, 우리가 오늘날 국제사회 속에서 일어나는 편협한 성향을 주시하는 만큼 후쿠야마의 논제에 대한 주시도 계속되고 있다. 그리고 책 제목의 매력도 계속되고 있다.

왜 그런가? 의문의 여지없이 그의 헤겔주의적 역사주의는 잘못되었다. 그러나 역사주의 – 성경이 역사의 종말과, 그 종말에 산 자와 죽은 자를 심판하기 위해 영광스럽게 다시 오셔서 그 모습을 드러내시는 최후의 인간을 지적했다는 것을 조심스럽게 정의하는 한 – 는 그 자체로 하나의 성경적 개념이 아닌가? 그러나 역사의 종말은 시간과 공간, 정치적 혁명과 사회의 가난, 투표와 대통령 등등의 일상적인 것들로부터 분리되어 전개되는 것이 아니라, '결혼과 시집 장가 보내는 일' 등등의 평범한 과정 안에서 전개된다.

이러한 맥락에서 폴 존슨이 19세기에 대해 언급한 것이 후쿠야마의 자유주의적 유토피아와 유사한 맥락을 가졌다는 것은 흥미롭고도 놀랍다. "자유주의는 실제적으로 전체주의 진영보다 앞서 발생했다. 그러나 자유주의의 선행을 단지 시간적인 선행으로

만 볼 것인가? 나치주의와 공산주의와 같은 20세기
전체주의가 일어난 주요한 원인은 바로 자유 민주주
의가 지닌 도덕적 상대주의(道德的 相對主義) 때문
이 아니었던가?"

다시 말해 20세기 자유주의와 마찬가지로 19세기
의 자유주의는 인간의 평등(平等)과 정의(正義)의
이념에 대한 확고한 철학적 토대가 부족했다. 그 결
과 따라온 전쟁의 여파와 극심한 경제침체 속에서
불가능한 것을 가능케 만들 수 있는 필요적절한 온
실을 마련해 주지 못했다.

그러므로 이와 유사한 미래가 오늘날의 자유주의
를 기다리고 있다고 생각할 수는 없을까? 그럴 수
있다.

# 라브리 안내

라브리(L'Abri)는 영적인 '오두막'입니다. 인생의 갈림 길에서 부딪치는 온갖 문제의 대답을 찾기 위해 잠시 머물렀다 갈 수 있는 곳입니다.

1955년 프란시스 쉐퍼 박사 부부(Francis & Edith Schaeffer)가 처음 시작한 라브리는, 찾아오는 사람들에게 지성적인 질문에 대한 대답을 찾도록 도와 주는 동시에 일상생활 속에서 하나님의 살아 계심을 드러내는 것을 소명과 목적으로 삼고 있습니다. 이것은 기독신앙의 실체(reality)와 매력(beauty)을 균형 있게 발견하도록 돕는 사역을 말합니다. 그 가운데 라브리는 주 예수님을 믿고 성령님의 능력을 의지하며 성경을 바르게 가르치고자 최선을 다하고 있습니다.

라브리에 대해 더 알고 싶은 사항이 있으면 해당 라브리로 직접 문의하시거나 한국 라브리로 연락하시면 안내를 받으실 수 있습니다. 한국 라브리는 1988년부터 준비를 시작, 1991년부터는 자료센터를 운영해 왔으며, 1994년 1월부터는 '합숙훈련원'으로서 특히 한국과 아시아 지역의 사람들에게 하나님나라의 복음을 전하며 그것을 삶의 전 영역에 적용·실천하도록 돕고 있습니다.

한국 라브리
서울시 용산구 후암동 50-2(140-190)
TEL (INT+82) 02-773-5309
FAX (INT+82) 02-318-2595

라브리 작은책 ①
## 마돈나와 신세대
포스트 모더니즘 시대의 성상

세계적인 최고의 팝스타라는 정의 이상의 의미가 마돈나에게
는 있다. 그녀는 절대적인 진리를 상실한 이 시대의 전형이다.
이제 실재는 더 이상 존재하지 않게 되었고 모든 것은 이미지화
되어 가고있다. 사람들은 끊임없이 이미지의 변신을 요구하고 있
으며 놀랍게도 마돈나는 이러한 대중의 요구에 성공적으로 대응
하고 있다. 그러나 과연 이 시대에 객관적인 진리와 실재는 존재
하지 않는 것일까? 조크 맥그리거는 그 해답을 기독교 안에서 찾
아야 한다고 역설하고 있다.

조크 맥그리거 지음 / 김종철·박진숙 옮김

라브리 작은책 ②
## 나는 왜 기독교를 믿는가?

"기독교는 종교가 아닙니다. 기독교는 '진리'입니다. 이 진리
야말로 우리가 가지고 있는 온갖 문제에 대한 탁월하고도 유일한
해결책입니다. … 따라서 우리는 우리의 마음의 위안을 얻기 위
해서만 성경을 다룰 것이 아니라 진리로서 다루어야 합니다. 이
것은 하나님의 살아계신 말씀이며 우리의 삶에 의미를 부여해 주
는 것입니다. 죽음이 아닌 생명으로서 말입니다. 이것이 제가 기
독교를 믿는 이유이며 불신자들과 대화하는 하나의 길입니다."

인본주의자이며 사회주의자였던 부모님 밑에서 자란 제람 바
즈 교수. 그가 어떤 지적인 순례를 거쳐 기독교에 이르게 되었는
지를 본서는 이야기한다. 제람 바즈 지음 / 김정훈 옮김

라 | 브 | 리 | 작 | 은 | 책 | 시 | 리 | 즈 | 는
작 | 지 | 만 | 큰 | 진 | 리 | 를 | 담 | 고 | 있 | 습 | 니 | 다

라브리 작은책 **3**

## 성공과 신앙
거짓된 성공철학에 대한 전도서의 비판

"과거나 현대에나 타락한 인간이 자력으로 자율적인 실체를 창
조하려는 시도인 '성공'에 관한 거짓된 철학과 신학들은 헛된 것
에 그들의 희망을 두고 있다. 그것들은 근본적으로 비현실적인 것
이다. 전도서는 그러한 사상들에 대항하여 우리가 올바른 지성을
갖도록 일깨우며 진정한 현실주의자가 될 것을 요구하고 있다."

존 캔달은 세속적인 차원에서의, 혹은 극히 제한된 인생관이
나 성경관에 기초한 성공비법의 위험성을 지적하고 전도서의 지
혜에 귀기울일 것을 강조한다.　　　　존 캔달 지음 / 노영주 옮김

라브리 작은책 **4**

## 기독교와 정부
(미국의 정치적·세계관적 변화를 중심으로)

"만약 우리가 성경에서 명령되어진 기독교적 대안들을 실천하
지 않는다면 우리는 성경대로 살고 있는 것이 아니다. 그리고 만
약 우리가 적절한 단계에서 정치적·법적 수단으로서 시민불복종
의 한계선을 실천하지 않는다면 역시 성경대로 살고 있는 것이
아니다."

개인의 구원뿐 아니라 삶의 전 영역, 즉 예술과 문학 등에서부
터 법과 정부에 이르기까지 예수님의 주권 아래 놓여져야 한다는
프란시스 쉐퍼 박사의 명강의.

프란시스 쉐퍼 지음 / 김종철 옮김

라 | 브 | 리 | 작 | 은 | 책 | 시 | 리 | 즈 | 는
작 | 지 | 만 | 큰 | 진 | 리 | 를 | 담 | 고 | 있 | 습 | 니 | 다

라브리 작은책 6
## 쉐퍼와 예술 ──────────────
쉐퍼의 「예술과 성경」을 중심으로

"교회문화만을 문화와 예술의 가능성이라고 한다면 이 세상은
얼마나 빈약할까? 아니 영광의 복음은 얼마나 천박한 것이 될까?
그럴 수 없다. 여기에서 탈피하는 것이 쉐퍼가 우리에게 말하고
자 하는 논거의 본질이다. … 예술의 탄생이 이성만으로는 이루
어질 수 없겠지만 예술가 자신이 갖고 있는 경험과 세계관이 작
품에 중요한 영향을 미치며 그것의 효과적인 전달여부가 작품평
가의 기준이 된다는 쉐퍼의 주장은 그리스도인 예술가뿐 아니라
우리 모두에게 용기와 책임감을 심어 준다."

「예술과 성경」에 나타난 쉐퍼의 예술관과 우리가 해야 할 일을
이승훈 목사가 조명한다.                                이승훈 지음

라브리 작은책 7
## 비판에 대처하는 법 ──────────────

"비판받을 때 우리 모두는 이로부터 배우는 것이 있다고 생각
합니다. 그것은 우리가 타인을 언제 비판해야 하는가와 어떻게
비판해야 하는가에 대해 스스로 성찰하는 기회를 갖게 되는 것이
지요. 여러분이 고통받으며 파괴적인 비판을 경험할 때, 타인에
관한 그리고 타인을 향한 여러분 자신의 말을 반성하십시오."

제람 바즈 교수는 비판당할 때 어떻게 대처하고 어떻게 받아
들여야 할지, 그리고 남을 비판할 때는 무엇을 주의해야 하는지
저자의 경험을 바탕으로 아주 실제적인 교훈을 주고 있다.

제람 바즈 지음 / 장진호 옮김

라브리 작은책 **5**

# 서평 : 역사의 종말과 최후의 인간

(프란시스 후쿠야마 지음, 1992)

지은이
레놀드 맥콜리
옮긴이
장대익
초판 1쇄 찍은날
1994년 8월 20일
초판 1쇄 펴낸날
1994년 8월 30일
펴낸이
김승태
편집인
성인경
편집·교열
김은주, 최창숙, 유미나, 한윤순, 강진회
표지디자인
강민주
영업
최재영, 변미영, 최선기
등록번호
제2-1349호(1992. 3. 31)
펴낸곳
예영커뮤니케이션
주소
100-120 서울 중구 정동 1-23 구세군 중앙회관 내
전화
722-9577, 722-9572~3
팩스
722-9578
값
700원
ISBN 89-85313-85-1
ⓒ L'Abri Fellowship